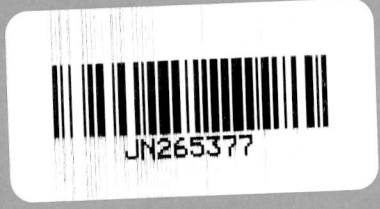

お母さんもサポートできる

“うちの子大丈夫?”と思ったら
子どもの脳と心の発達トレーニング

認知脳（知的脳）の発達サポート問題 70問付き

帝京平成大学大学院 臨床心理学研究科教授
中島恵子
Nakashima Keiko

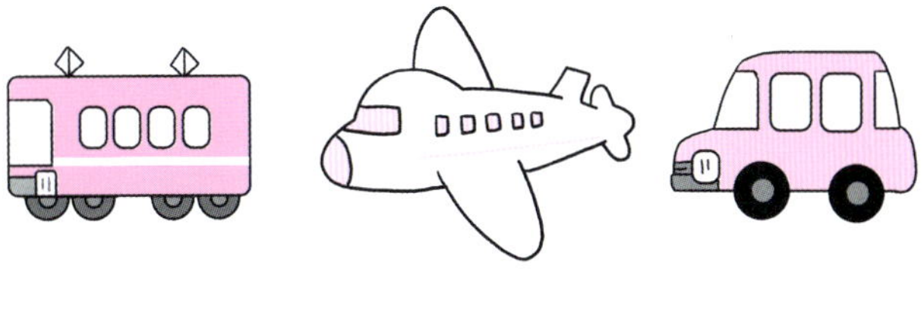

保育社
HOIKUSHA

はじめに
人とコミュニケーションできる脳と心の教育は難しい

近年、脳の研究が進むことにともない、脳をどう育てるか、に目が向くようになってきました。また、早く育てることを急ぐ傾向もみられ、早期教育も注目されるようになってきました。

脳の発達のなかで、心の発達はどのように進むのでしょうか。気持ちを大事にする教育、人とコミュニケーションできる教育は、計算が早くできる教育、漢字が書ける教育よりも難しいですね。

情動脳、社会脳を大切に育てるためには、何より子どもの気持ちを聞くことが大事でしょう。身体の発達やイメージの発達、言葉の発達が基盤になり、自分の気持ちや人の気持ちに気づけるのです。自分の気持ちの調整ができるようになると、抑制力がつき社会性の発達につながっていきます。

本書は、保育園、幼稚園、小学校低学年のお子さんを対象に、お母さんをサポートしながら、情緒や社会性を育てるためにお役に立つことをめざしました。

帝京平成大学大学院 臨床心理学研究科 教授　中島恵子

どのように脳は発達するのだろう？

子どもの脳の発達過程では、特定の技能および成熟の度合いは、発達の段階によって異なっています。発達の過程において、脳の成熟期は5回あります。1歳から6歳まで、7歳から10歳まで、11歳から13歳まで、14歳から17歳までと18歳～21歳までです（図）。

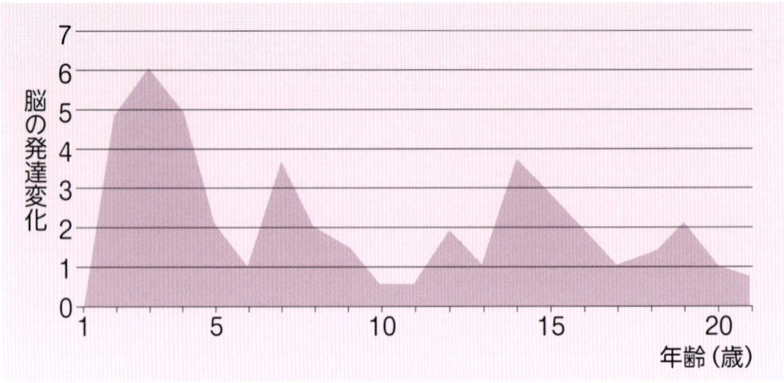

図｜**全般的脳の成熟**（文献1より引用）

0～2歳 反射的に物をつかむ
→クレヨンで力強くなぐり描きをする。

目の前から消えると忘れてしまう
→前にあった所を覚えて探す。

➡脳の神経細胞の接続が形成される。

3～5歳 人と一緒に上手に遊ぶ。
自分の身の回りの世話ができる。
ことばを使ってお話できる。
ある程度の情緒や行動をコントロールできる。

➡脳の神経細胞の接続が急速に拡大する。

6～9歳 自分を認識し自分の行動が人に与える影響がわかりはじめる。

➡脳の前頭葉、海馬と一部の側頭葉を除き発達が完了する。

10～15歳 物事を順序よく組み立てたり、判断、記憶、問題解決を実践しはじめる。
集団の中で人と協調していくことができる。
異性への関心が芽生える。

➡脳の海馬と側頭葉の発達が完了する。

16～25歳 予測と結果に与える影響を考え練習しはじめる（思考の柔軟性が高まる）。
社会的相互関係が始まり家族からの自立心が高まる。

➡脳の前頭葉の発達が完了する。

うちの子大丈夫？　と思ったら、チェックしてみましょう！

お子さんの困り感（何かに困っている）に気がついていますか？

お子さん一人ひとりが日々過ごしている環境はみな違っています。まずは、どんなことにつまずいているかを見つけてあげましょう。

“うちの子大丈夫？”と思ったら、つまずいていることは何かを考えてみましょう。

次の 25 項目から、つまずいていることをチェックしてみましょう。あてはまる項目が示す➡の章から読み進めてください。

うちの子大丈夫？チャート

運動あそびが苦手

第1章

すわって食事ができない

第1章

偏食が激しく、食事のレパートリーが少ない

第1章

痛みや熱さなどに鈍感であったり、敏感であったりする

第1章

集中力がとぎれてしまう

第1章

ボーッとして指示に気づかない

第2章

一方的に自分の言いたいことだけ言う

第2章

周囲に配慮せず自分中心の行動をする

第2章

絵や工作が苦手

第2章

相手の嫌がることを言う

第2章

冗談や皮肉がわからず文字どおり受け取る

なぜ、どうして、の説明ができない

大勢の会話では、誰が誰に言っているのかわからない

自分から話そうとしない

難しい言葉を使うが、言葉の意味はわかっていない

ルールが守れない

相手が嫌がることをわざと言う

人とのかかわりのなかでどのように対応していいかわからない

人の気持ちや意図がわからない

自分の手や腕をかむ

他人をたたく

行事に参加できない

ふだんの状況や手順が変わると混乱する

次に取り組む内容がわからない

生活パターンが安定しない

もくじ

はじめに ……… 3

● どのように脳は発達するのだろう …… 4

● うちの子大丈夫？ と思ったら、チェックしてみましょう！ ……… 6

第1章 身体をつかさどる脳の使い方を育てよう！
生き生きと生きる体験をするために

1 自分のからだを体感する ―― 12

2 からだで気持ちを表現する ―― 15

3 集中力の土台は健康 ―― 16

4 自分中心に動く ―― 17

5 小脳・脳幹・大脳辺縁系の働きを促進する ―― 18

第2章 イメージをつかさどる脳の使い方を育てよう！
過去を思い出し未来を認識するために

1 自分の目から見る ―― 22

トレーニング1　思考力 ……… 23

2 他者の目から見る ―― 29

トレーニング2　思考力 ……… 30

3「ほどよい」状態 ―― 36

トレーニング3　思考力・観察力 ……… 37

4 イメージを持つ ―― 44

トレーニング4　思考力・観察力 ……… 45

❺ 頭頂葉の働きを促進する ―― 52
トレーニング5　集中力・観察力・思考力……53
❻ 後頭葉の働きを促進する ―― 59
トレーニング6　異同弁別……60

第3章 ことばをつかさどる脳の使い方を育てよう!
自由意思・自己意識の根底を作るために

❶ ことばで行動をコントロールする ―― 70
❷ ことばで感情をコントロールする ―― 71
❸ 自由意思の形成 ―― 72
❹ ことばで自分に指示する ―― 73
❺ 側頭葉・扁桃体の働きを促進する ―― 74

第4章 気持ちをつかさどる脳の使い方を育てよう!
自己決定の根底を作るために

❶ 表情を読む ―― 76
トレーニング7　記憶力……77
❷ 共感(相手と同じ気持ちになる)を体験する ―― 83
❸ 自己肯定感(自分は大丈夫という感じ)を持つ ― 84
❹ 自分で決める ―― 85
❺ 扁桃体・帯状回の働きを促進する ―― 86

第5章 社会性をつかさどる脳の使い方を育てよう
生きる知恵を蓄えるために

❶ 事実を分析する　88
トレーニング8　観察力・記憶力・集中力……89
❷ 情報を整理する　97
トレーニング9　観察力・思考力……98
❸ 事実を自分の世界に取り込む　104
トレーニング10　観察力・記憶力……105
❹ 実行する　111
トレーニング11　観察力・記憶力……112
❺ 前頭葉の働きを促進する　118

参考文献・引用文献……119

おわりに……120

第1章

身体をつかさどる脳の使い方を育てよう！

生き生きと生きる体験をするために

運動あそびが苦手

すわって食事ができない

偏食が激しく、食事のレパートリーが少ない

No!

痛みや熱さなどに鈍感であったり、敏感であったりする

?

集中力がとぎれてしまう

自分が動くことで
実現できた体験
“できた！”を
育てましょう！

1 自分のからだを体感する

私が私であると意識できるのは「私のからだ(ホムンクルス)」があるからです。「私のからだ」を動かすことで身体が感じる感覚を覚えていきます。いい感じ(快)、いやな感じ(不快)、疲れ、痛み、くすぐったい、などのからだの感覚とともに感情も育っていきます。ボディイメージがはっきりしていると生きやすいです。自分のからだを感じられないと、からだのバランスや細かな身のこなし、ボディイメージが乏《とぼ》しくなり想像力に影響し、変化や新しい場面への適応がうまくできなくなります。

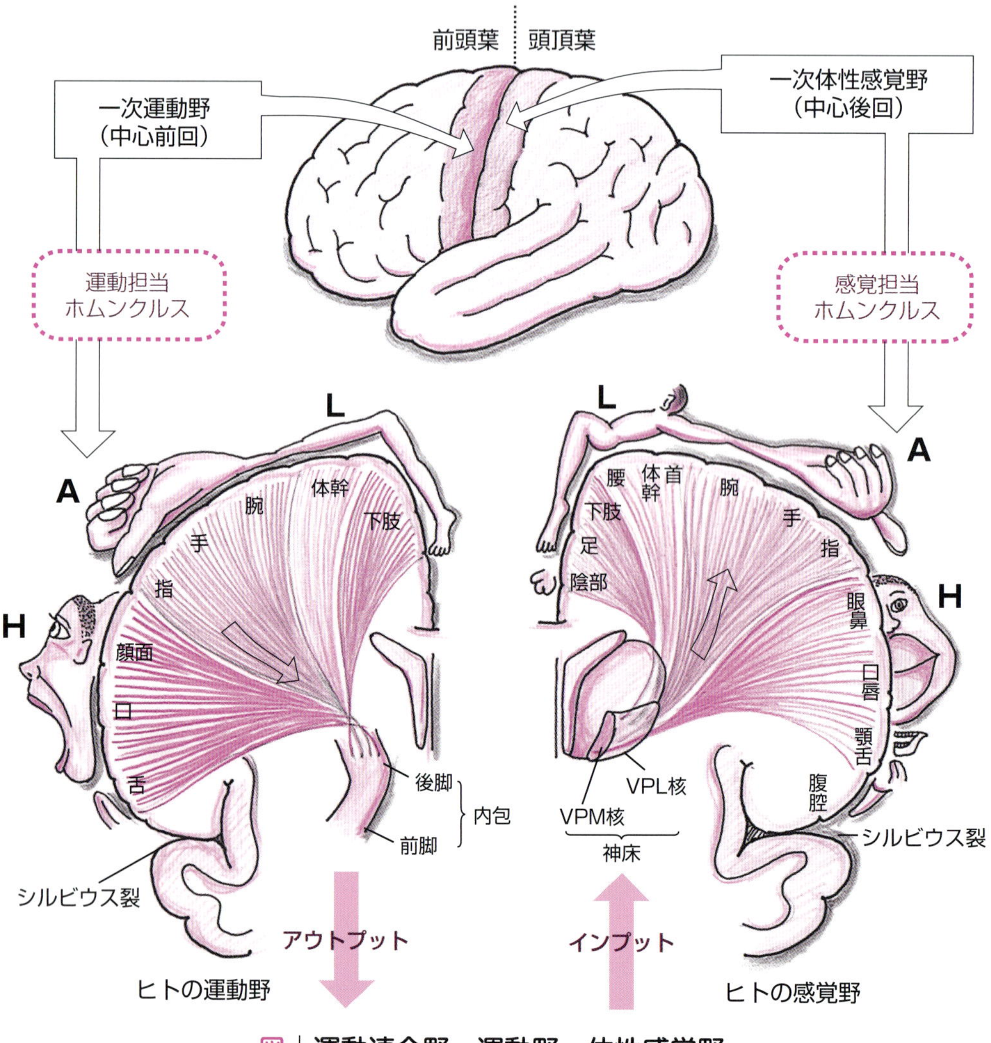

図｜運動連合野・運動野・体性感覚野
(馬見塚勝郎ほか. 塗って覚えて理解する！脳の神経・血管解剖. 大阪, メディカ出版, 2008, 10. より引用)

身体の動かし方・使い方がわかる

1 全体的な（おおまかな）身体の動かし方

チェックポイント！

□ 歩く

ひざや足首の関節がやわらかく動いていますか？

➡ 動作の飲みこみが遅く、モデルを見せてもそのとおりにできない。

□ 走る

走る姿勢、手と足の動かし方のバランスがいいですか？

➡ 前かがみの姿勢で走ったり、手と足の動きのバランスが悪かったり、走るとかなり遅い。

□ 姿勢

座った姿勢がぐにゃぐにゃして力が抜けたようではありませんか？

➡ 筋肉の緊張の調節がうまくできない。筋肉が発達していますか？

□ 人や物にぶつかる

よく人や物にぶつかることがありますか？

➡ 人や物にぶつかることが予測できない。

2　部分的な（こまやかな）身体の動かし方

チェックポイント！

□手先の動き

手先がうまく使えていますか？

➡ はしの使い方、鉛筆の持ち方、ボタンのとめはずし、洋服の脱ぎ着がうまくできない。

□物のつかみ方

ボールを投げるのも受け取るのもうまくいかないですか？

➡ 投げるときに腰の力が入らない、受け取るときによく見えていないため、うまく投げたり受け取ったりできない。

One Point Advice

細かい動きをどのくらいコントロールできていますか？

2 からだで気持ちを表現する

心の発達の基盤となる感情は、からだを通して学んでいきます。子ども自身がどういう形ならば、自己表現できるか、その手段を探してあげることが必要です。からだを使って自己表現できる経験をさせてあげましょう！

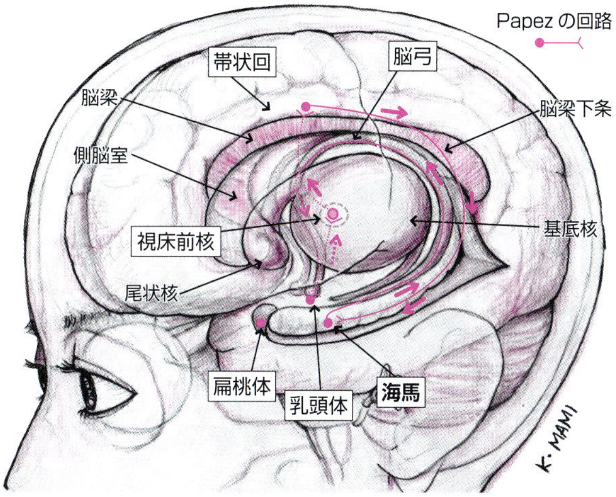

図｜大脳辺縁系

One Point Advice

情動脳（帯状回・扁桃体・海馬）は、心の発達にかかわります。のびのびとして感情を表現させてあげましょう！

チェックポイント！

☐ おいしい物を食べて満足したことを表現できますか？

➡ おいしい、おいしくない、満足感、などをあまり表現しない。

3 集中力の土台は健康

　脳を動かすためにはエネルギーが必要です。そのエネルギーは食事からしか取れません。

　しかも、脳はブドウ糖しか消費しないため、脳をきちんと働かせるためには、適度な栄養を脳に送ることが大事です。適度な栄養が脳のエネルギーの持続を助けます。栄養のある食事は健康の土台です。次に、動いた脳は休ませることが必要です。脳の休養は睡眠しかありません。十分な睡眠をとることは、安定した情緒を育てます。適度な栄養と睡眠は集中力の土台です。

　注）甘い物は急に血糖値を上げますが、１時間ほどで使い切ってしまうため持続力は弱いです。

チェックポイント！

□ 栄養のある食事を取っていますか？

➡ 甘い物（菓子類）ばかり食べる、あまり食べない、食べ過ぎる。

□ 睡眠は十分にとれていますか？

➡ 夜遅くまで起きている、なかなか寝付けない、寝ている時間が少ない。

4 自分中心に動く

自分が夢中になる体験を通して、集中して一つのことをする喜びを知ることで、自分に自信を持てます。できるだけ周りから先に手を出さないことが重要です。夢中になっているときの顔を観察してみましょう。満足そうな顔をしていますか？　自分でしていることに満足する体験が、深く集中できる力を発達させます。

チェックポイント！

☐ 本人がする前に先に手を出していませんか？

➡ 本人が手を出すようになるまで待てずに、手を出してしまう。

5 小脳・脳幹《のうかん》・大脳辺縁系《だいのうへんえんけい》の働きを促進する

小脳はからだで覚える

からだの動かし方は小脳で記憶されています。はじめて経験するからだの動きは、最初は転んだり、タイミングが合わなかったり、道具がうまく使えなかったりするのですが、何度も経験を積み重ねることでからだが覚えていきます。からだを使った学習は小脳の働きが関係します。小脳は、からだを動かすときに間違った動きがあればそれを消去しようと働きます。それによって間違った動きは修正され、適切な動きができるようになります。すなわち、運動の試行錯誤を調整しています。

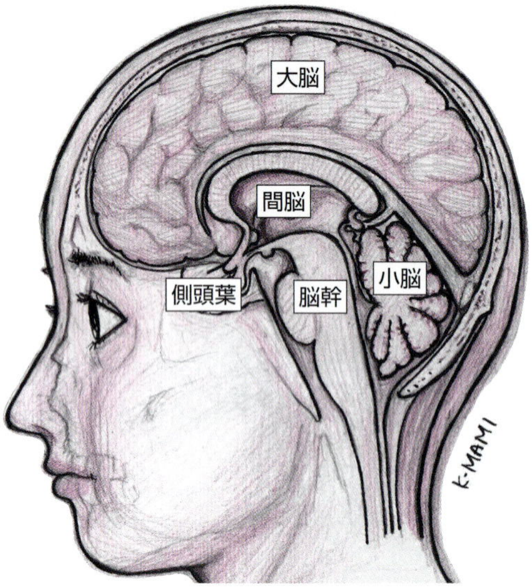

図｜小脳

例）自転車の乗り方などのように、からだで覚えた動きは時間がたっても忘れないようになっています。はじめはうまく乗れなくても一度乗れるようになると、忘れません。

One Point Advice

うまくいく方法を見せてまねしてもらいましょう！

脳幹は感覚を活性化する

脳幹《のうかん》は、睡眠のリズムをつくり、健康な睡眠がとれるようにします。脳幹そのものが学習したり、記憶したりすることはしませんが、学習や記憶、痛みなどの感覚といったさまざまな脳の働きと感覚を活性化しようとする働きがあります。夜遅くまで起きていると、学習や記憶などの働きは弱まり活性化されません。必要な睡眠をきちんととることで脳幹は生き生きと調整してくれます。

大脳辺縁系は本能的感情や記憶を調整する

大脳辺縁系（図：小脳，p.15 参照）は、喜怒哀楽の感情、満足感、恐怖感などの本能的な感情や衝動を調整しています。おいしい食事をして満足感を得たり、危ない目にあって恐怖を感じたりといった感情をつくっています。

【大脳辺縁系がつくりだす感情】

・おいしい物を食べて満足感を得られること
・おいしくない物を食べて不満足感を得られること
・危ない目にあって怖いと感じられること
・かわいがられてうれしいと感じられること
・しかられて悲しいと感じられること、など。

その状況に合った感情を、適切に感じられるように調整しています。このことは、本能的、基本的な感情の基盤を作ることで、感情を適切に感じることができるようにしています。感情も経験から学んでいるのです。さらに、さまざまな記憶ができるようにしています。

お母さんも こうしてみませんか？

●自然な気持ちをしっかり伝えよう！

大脳辺縁系は本能的な感情と関係するため、高価なプレゼントをもらってうれしいとか、理不尽な怒られ方をして悔しいなどの複雑な感情ではなく、もっと本能的な感情を生みだします。たとえば、おいしいものを食べて「おいしいね」とうれしい気持ちを込めて笑顔で伝える、自動車が通り抜けるそばを通るときは「危ないね」と恐い気持ちを込めて感情を伝える、ことなどが発達には大切です。“おいしい”、“危ない”、“怖い”などの気持ちを感情を込めて伝えれば、お母さんが伝えたいことがお子さんにきちんと伝わります。場面と感情が合っているか注意しましょう！

第2章

イメージをつかさどる脳の使い方を育てよう！

過去を思い出し未来を認識するために

ボーッとして指示に気づかない

一方的に自分の言いたいことだけ言う

周囲に配慮せず自分中心の行動をする

絵や工作が苦手

相手の嫌がることを言う

楽しい
生き生きした
イメージを
育てましょう！

1 自分の目から見る

　まず、「動き」をじっと見ることから始まります。動きには、何かをしているヒトの動き、動物の動き、風にたなびく物の動きなど、何かをしている「動き」を見ることで、集中力が深まり、自分から同じ動きをやってみようとすることにつながります。右の頭頂葉は、空間や立体を認識し、構成や操作をしながら「自己視点」を獲得する部位です。自分が動いてわかることで、他者のイメージを作ることができます。自分の目から見ることができると、自分の動きがわかり自分はなぜそのような動きをするのか、その時の気持ちがわかる（自己理解）ことにつながってきます。

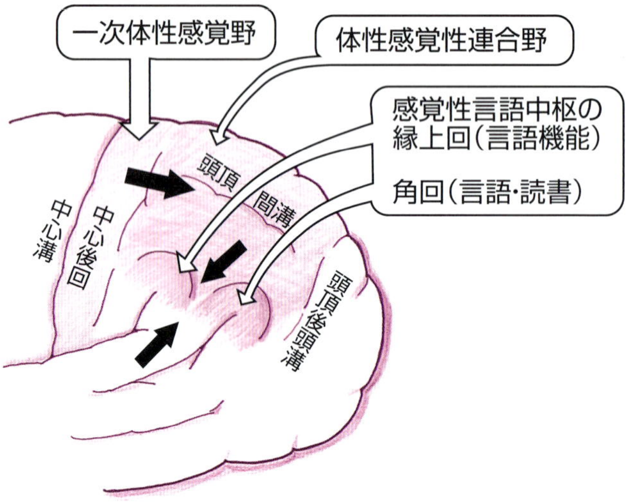

図｜頭頂葉
（馬見塚勝郎ほか．塗って覚えて理解する！脳の神経・血管解剖．大阪，メディカ出版，2008，12．より引用）

お母さんも　こうしてみませんか？

●意図した言葉かけで多角的な視点を育てよう！

　人間は進化の過程で視覚情報の重要性が増えていったため、見ることを優先するように発達してきました。お子さんが見ているものへ「黄色の小鳥かわいいね」「白い車が好きなのね」「三角の屋根を見て」「四角い箱だね」「丸い箱だね」「こんなに近い」「とっても遠い」「高い」「低い」など、色や形、奥行き、動きを表す言葉かけをしましょう。お子さんのイメージが温かい言葉と結びついて自分の視点を作っていきます。よく見るように、じょうずに誘導してみましょう！

お話の順番

おうちの方へ

日常場面を思い出しながら、物事の順番を理解する問題です。○をつけた理由を説明できることが大事です。

どっちが さき？

したの　2まいの　えは　おはなしに　なっています。
どちらが　さきですか？　○を　つけましょう。
どうしてそうなのか　おうちのひとに　おはなししましょう。

お話の順番

おうちの方へ

回答は２通り考えられますが、お子さんの言葉で説明できれば正解です。

どっちが さき？

したの　２まいの　えは　おはなしに　なっています。
どちらが　さきですか？　◯を　つけましょう。
どうしてそうなのか　おうちのひとに　おはなししましょう。

お話の完成

おうちの方へ
物事の順番を理解し、お話を完成させる問題です。水の量の違いから時系列をつかませましょう。

つづきは　どれ？

3まいの　えの　おはなしが　あります。 ？ には　どちらの　えが　はいりますか？　○を　つけましょう。どうしてそうなのか　おはなし　しましょう。

お話の完成

おうちの方へ

物事の順番を理解し、お話を完成させる問題です。雪だるまを作る順序を考え、時系列を理解させます。

つづきは どれ？

3まいの　えの　おはなしが　あります。 ? には　どちらの　えが　はいりますか？　○を　つけましょう。どうしてそうなのか　おはなし　しましょう。

絵の不合理

どこが おかしい？

おうちの方へ

知識や一般常識を問う問題です。道理に合わない個所を見つけ出し、論理的に説明することで思考力を養います。

したの　えの　なかに　おかしい　ところが　１つ　あります。みつけて　◯で　かこみましょう。　どうして　おかしいのか　おうちの　ひとに　おはなししましょう。

絵の不合理

どこが　おかしい？

おうちの方へ

知識や一般常識を問う問題です。道理に合わない個所を見つけ出し、論理的に説明することで思考力を養います。

したの　えの　なかに　おかしい　ところが　1つ　あります。みつけて　○で　かこみましょう。　どうして　おかしいのか　おうちの　ひとに　おはなししましょう。

2 他者の目から見る

他者の動きを基にして、自分の動きに置き換えることができます。たとえば、サッカーのボールを蹴っている人を見て、自分がサッカーボールを蹴っている動きをイメージすることができます。左の頭頂葉は、「他者視点」を獲得する部位です。他者の動きを見て、自分の動きをイメージすることができます。他者の目から見ることができると、他者の動きから他者の気持ちや考えを推測すること（他者理解）につながってきます。

バランスの良い機能の発達

左の頭頂葉の機能が弱いと右の頭頂葉が代償的に強くなるため、自己視点が強くなります。右の頭頂葉の機能が弱いと反対に他者視点が強くなります。両方がバランスよく発達することで、自己視点と他者視点はうまく切り替えることができます。なぜなら、同時に両方の視点を持つことはできないからです。

お母さんも　こうしてみませんか？

他者に関心を持ち観察することで、他者視点が育ちます！

空間認知

うえから みたら？

おうちの方へ

真上から見た形を推測する問題です。違う角度から見る空間認知力を養います。かなり高度な能力が必要です。実物で試すと理解が深まるでしょう。

みほんの　えを　うえから　みたら　どんな　かたちに　みえますか？
せんで　つなぎましょう。

みほん

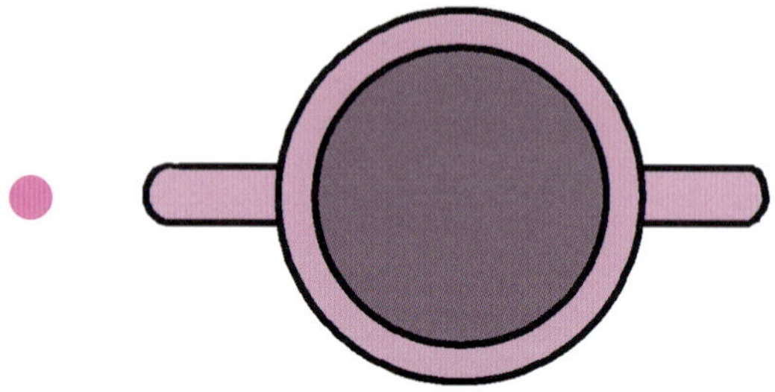

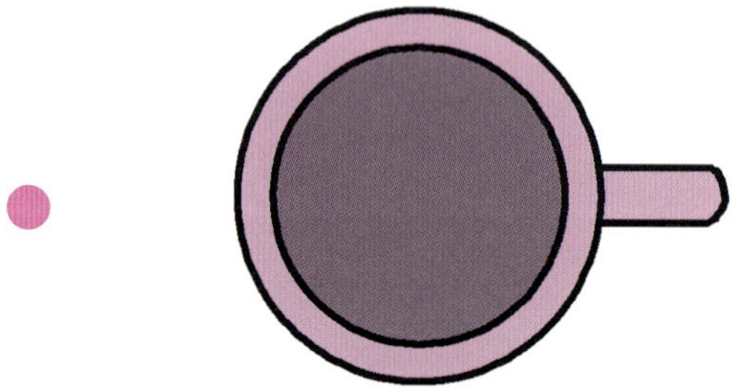

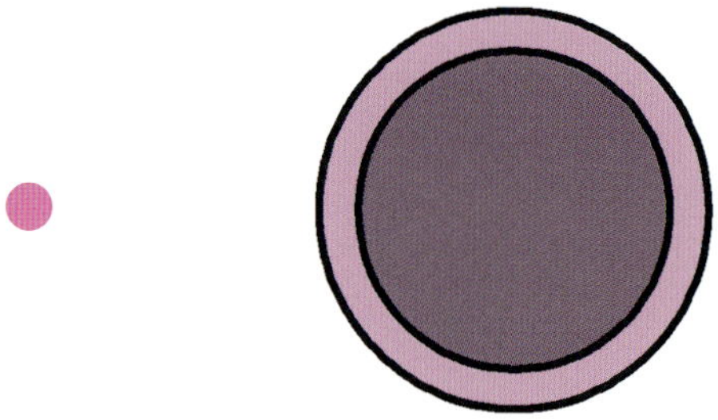

空間認知

うえから みたら？

おうちの方へ
真上から見た形を推測する問題です。違う角度から見る空間認知力を養います。かなり高度な能力が必要です。実物で試すと理解が深まるでしょう。

みほんの　えを　うえから　みたら　どんな　かたちに　みえますか？
せんで　つなぎましょう。

みほん

空間認知

うえから　みたら？

おうちの方へ

真上から見た形を推測する問題です。違う角度から見る空間認知力を養います。かなり高度な能力が必要です。実物で試すと理解が深まるでしょう。

みほんの　えを　うえから　みたら　どんな　かたちに　みえますか？

○で　かこみましょう。

みほん

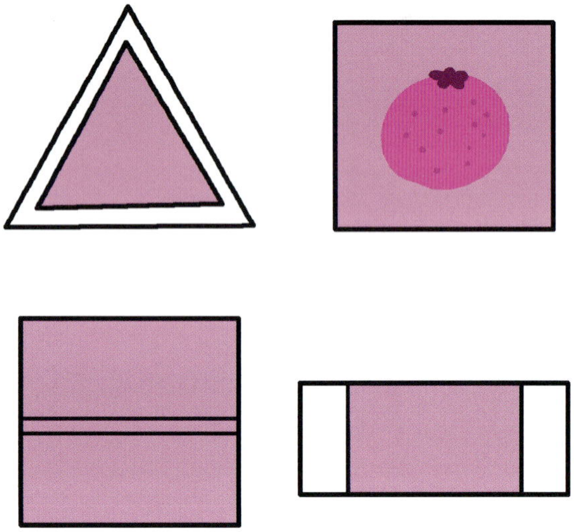

みほん

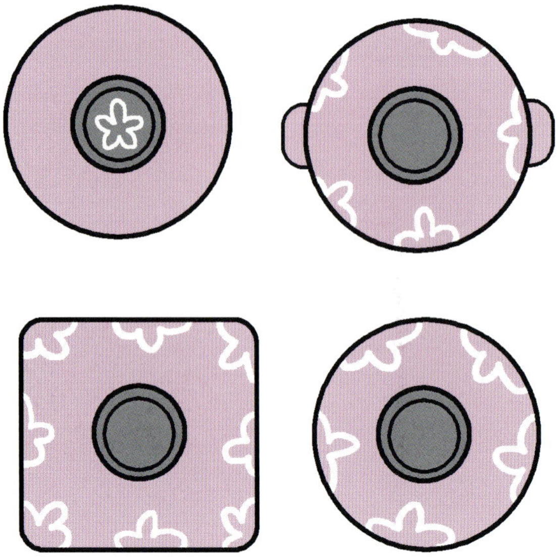

空間認知

うえから みたら？

おうちの方へ

真上から見た形を推測する問題です。違う角度から見る空間認知力を養います。かなり高度な能力が必要です。実物で試すと理解が深まるでしょう。

みほんの　3つの　えを　うえから　みたら　どんな　かたちに　みえますか？　せんで　つなぎましょう。

みほん

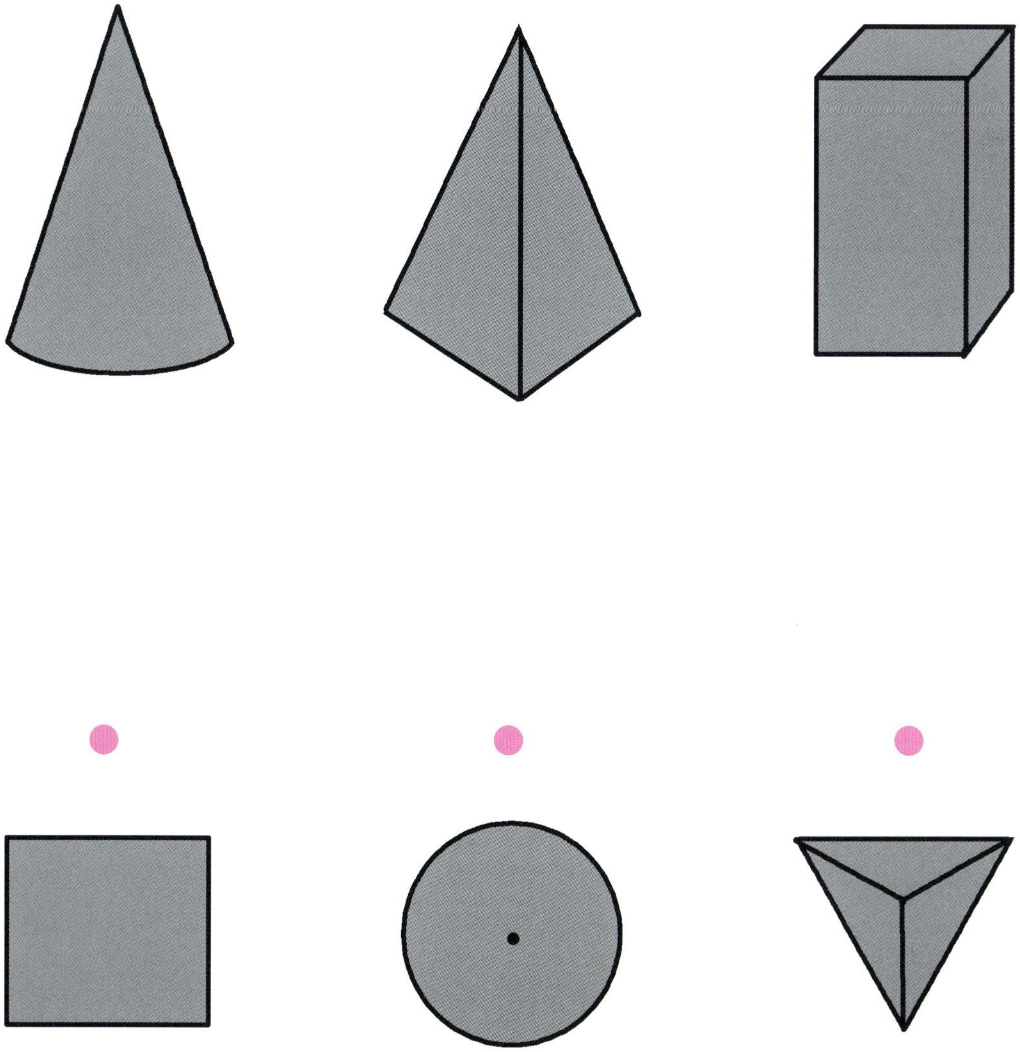

空間認知

うしろから みたら？

おうちの方へ

他の位置からの見方を養う空間認知の問題です。手に持っているものの左右を手がかりにしましょう。実際に再現してあげると理解が深まります。

みほんの　おとこのこを　うしろから　みたら　どう　みえますか？

○を　つけましょう。

みほん

空間認知

うしろから　みたら？

おうちの方へ

他の位置からの見方を養う空間認知の問題です。手に持っているものの左右を手がかりにしましょう。実際に再現してあげると理解が深まります。

みほんの　おんなのこを　うしろから　みたら　どう　みえますか？
○を　つけましょう。

みほん

3 「ほどよい」状態

脳がちょうどよい働きをするためには、何が必要でしょうか。それは、「適度な」活性化です。あまり活性化しない脳や逆に過剰に活動する脳は、ほどよい調整ができにくいからです。周りの人が調整してあげれば、脳は自動的に自己調整していけるのです。健康的に脳が動くように手助けしてあげましょう。

お母さんも こうしてみませんか？

さまざまな経験や心が動くようなことに触れさせてあげましょう！

トレーニング3 思考力・観察力

方向と順序

おうちの方へ

条件に合う子を選ぶ問題です。ここでは、左右と順序の初歩的な理解をさせます。1・2・3と指でさしながらやると、わかりやすいでしょう。

どの　こかな？

したの　えの　なかで　いちばん　ひだりは　どの　こですか？　○を　つけましょう。みぎから　2ばんめは　どの　こですか？　△を　つけましょう。

方向と順序

どの こかな？

おうちの方へ
条件に合う子を選ぶ問題です。ここでは、左右と順序の初歩的な理解をさせます。1・2・3と指でさしながらやると、わかりやすいでしょう。

したの　えの　なかで　まえから　3ばんめは　どの　こですか？　○で　かこみましょう。うしろから　2ばんめは　どの　こですか？　△で　かこみましょう。

仲間分け

ちがう なかま

おうちの方へ

異なるカテゴリーに属するものを見つける問題です。概念理解を含む高次の観察力を養います。どうして違う仲間なのか理由を聞いてみましょう。

みほんの　えと　ちがう　なかまは　どれですか？　１つだけ　○でかこみましょう。

お話の順番

おはなしを つくろう

おうちの方へ

3 枚の絵から物事の順番を理解する問題です。分析的に物事を見る高次の思考力を養います。

3まいの　えは　おはなしに　なっています。さいしょの　えに　○、2つめの　えに　△をつけましょう。

できたら　どうしてそうなのか、おはなししましょう。

お話の順番

おうちの方へ

3枚の絵から物事の順番を理解する問題です。分析的に物事を見る高次の思考力を養います。

おはなしを つくろう

3まいの　えは　おはなしに　なっています。さいしょの　えに　○、2つめの　えに　△をつけましょう。

できたら　どうしてそうなのか、おはなししましょう。

方向と順序

おうちの方へ

条件に合う子を選ぶ問題です。ここでは、前後と順序に加え、持ち物にも注目させましょう。

どの　こかな？

まえから　2れつめの　たいこを　もっている　こを　○で　かこみましょう。うしろから　2れつめの　たんばりんを　もっている　こを　□で　かこみましょう。

方向と順序

おうちの方へ

条件に合う子を選ぶ問題です。ここでは、上下と順序の理解に加え、細部を見る観察力も必要になります。

どの こかな？

したから 3れつめの ぼうしを かぶっている こを ○で かこみましょう。うえから 2れつめの りょうてを つないでいる こを □で かこみましょう。

4 イメージを持つ

右脳は、身体で感じる感覚や感情を共同で作りあげる部分と直接的に結びついているため、右脳で感じるイメージや感覚、記憶には感情がしみわたっています。楽しい、生き生きとした感覚や記憶を伴うイメージを持つことは、他者との感情のつながりができる基礎をつくり、相手の気持ちを自分も感じることができるようになります。他者の感情的な要求にも共感できるのは、他者の感情をイメージできるからです。感情的な要求に論理的な応答をしても論理が力を発揮できないのは、イメージを持てないからです。

お母さんも こうしてみませんか？

楽しい、生き生きした体験はイメージを育てます！

対称

おうちの方へ

左右対称の絵を半分だけ見て、全体の形を推察する問題です。細かい違いに気づく観察力も必要です。

ひらくと どうなる？

みほんの　えを　ひらくと　どの　えに　なりますか？　せんでつなぎましょう。

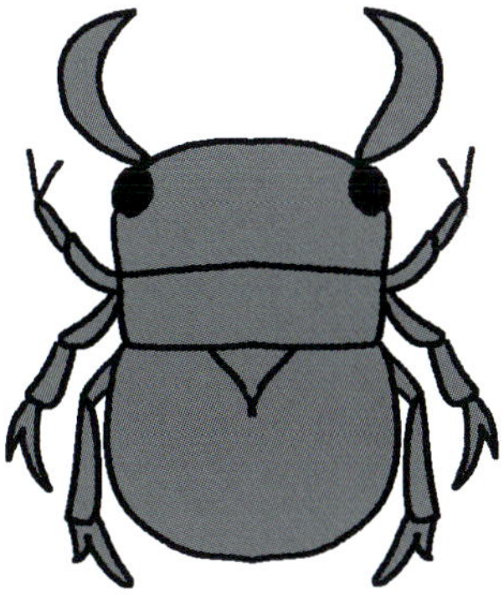

みほん

対称

ひらくと　どうなる？

おうちの方へ

左右対称の絵を半分だけ見て、全体の形を推察する問題です。細かい違いに気づく観察力も必要です。

みほんの　えを　ひらくと　どの　えに　なりますか？　せんでつなぎましょう。

みほん

仲間分け

おうちの方へ

いくつかの物のなかから、異なるカテゴリーのものを選び出します。概念理解を含む高次の観察力を養います。どうして違う仲間なのか、理由を聞いてみましょう。

ちがう なかま どれと どれ?

したの　えの　なかから　なかまでは　ない　ものを　2つ　みつけて　◯で　かこみましょう。

仲間分け

おうちの方へ

いくつかの物のなかから、条件に合った仲間を選び出します。概念理解を含む高次の観察力を養います。

なかまを さがそう

したの　えの　なかから　うみに　すんでいる　いきものを　3つ　みつけて　○で　かこみましょう。

絵の不合理

おうちの方へ

知識や一般常識を問う問題です。道理に合わない個所を見つけ出し、論理的に説明することで思考力を養います。

どこが おかしい？

したの えの なかに おかしい ところが 1つあります。みつけて ◯で かこみましょう。どうして おかしいのか おうちの ひとに おはなししましょう。

絵の不合理

どこが おかしい？

おうちの方へ

知識や一般常識を問う問題です。道理に合わない個所を見つけ出し、論理的に説明することで思考力を養います。

したの えの なかに おかしい ところが 1つあります。みつけて ○で かこみましょう。どうして おかしいのか おうちの ひとに おはなししましょう。

絵の不合理

どこが おかしい？

おうちの方へ

知識や一般常識を問う問題です。道理に合わない個所を見つけ出し、論理的に説明することで思考力を養います。

したの　えの　なかに　おかしい　ところが　１つあります。みつけて　○で　かこみましょう。どうして　おかしいのか　おうちの　ひとに　おはなししましょう。

5 頭頂葉《とうちょうよう》の働きを促進する

頭頂葉は、空間を認知するための情報を受け取って、見たものの空間的位置関係や向きなどを識別する働きをします。つまり、見た瞬間に、何が、どこに、どの向きであるのかがわかるということです。頭頂葉がうまく働かないと、点と点を結べない、図形の向きが判定できない、丸や三角などの簡単な図形の模写ができない、漢字を書かせると部分的には正しく書けるけれど、文字全体の構成がバラバラになってしまう、などが見られます。模写ができないということは、目で見て、その視覚情報と同じものをイメージできないということです。

チェックポイント！

□ 模写をさせてみましょう。どのくらい正確に描けますか？描いた絵を見ると、2つの図形が重なり合っていたり、立体図になると部分的には描けるが、全体的な構図がうまく描けていないことがあります。

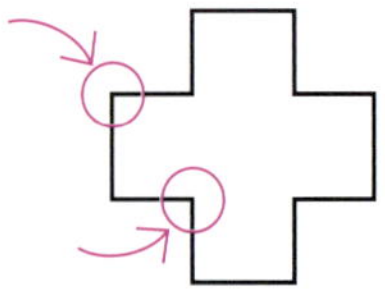

※接合部分がきちんと描けるか

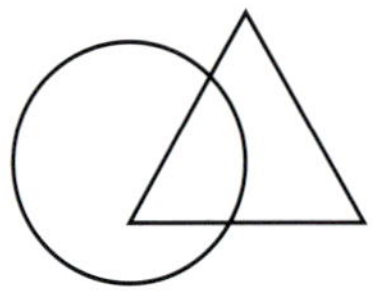

※重なり図形が描けるか

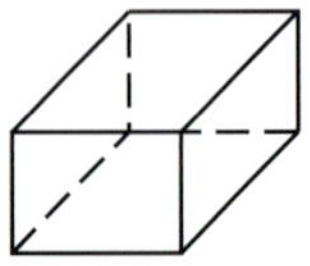

※立方体が描けるか

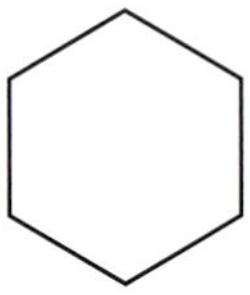

※バランスよく描けるか（辺の長さが同じ）

One Point Advice

手でさわって確認できる物から模写してみましょう！

点模写

おうちの方へ

左右をよく見比べて、位置を確認しながら点を結ばせましょう。なぞることから始めて、問題に慣れます。

てんを つなごう

みほんと　おなじに　なるように　みぎの　●を　つなぎましょう。さいしょは　うすい　せんを　なぞります。

みほん

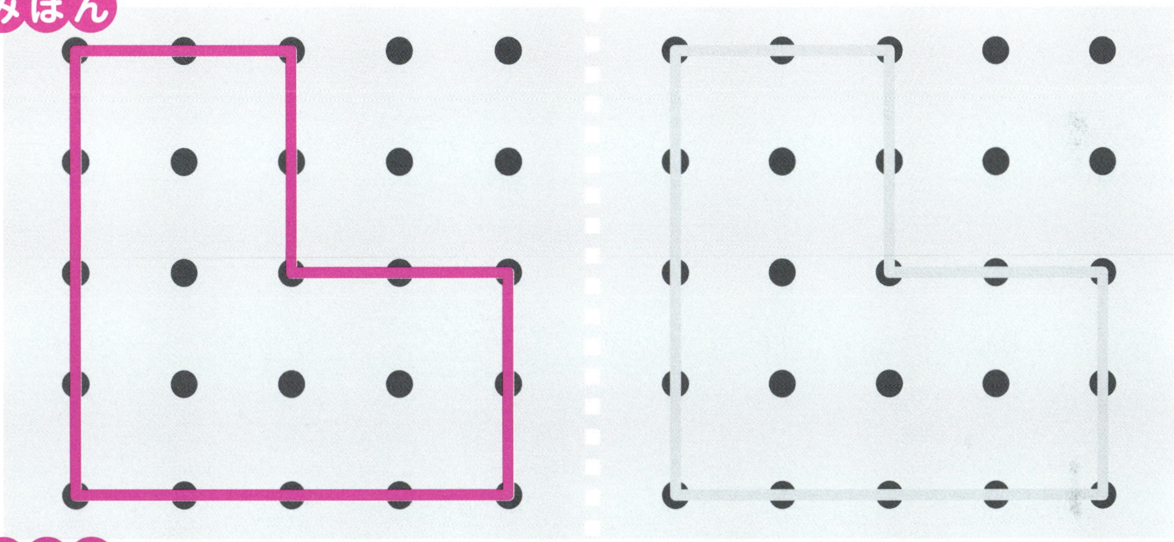

みほん

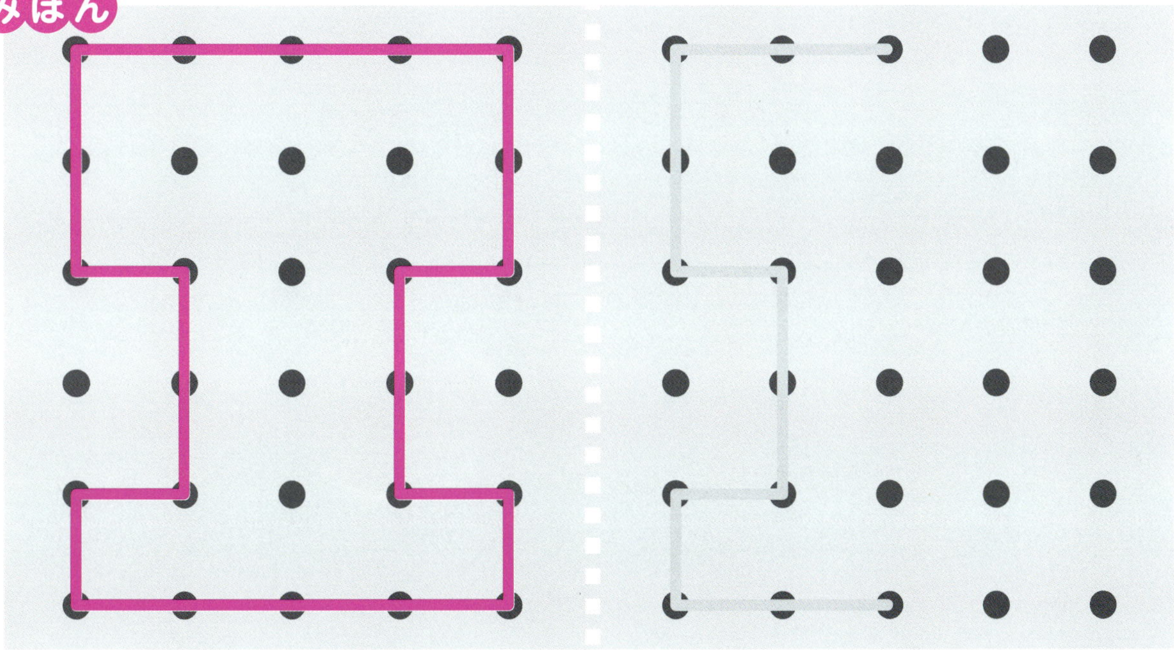

点模写

おうちの方へ

左右をよく見比べて、位置を確認しながら点を結ばせましょう。なぞることから始めて、問題に慣れます。

てんを　つなごう

みほんと　おなじに　なるように　みぎの　●を　つなぎましょう。さいしょは　うすい　せんを　なぞります。

みほん

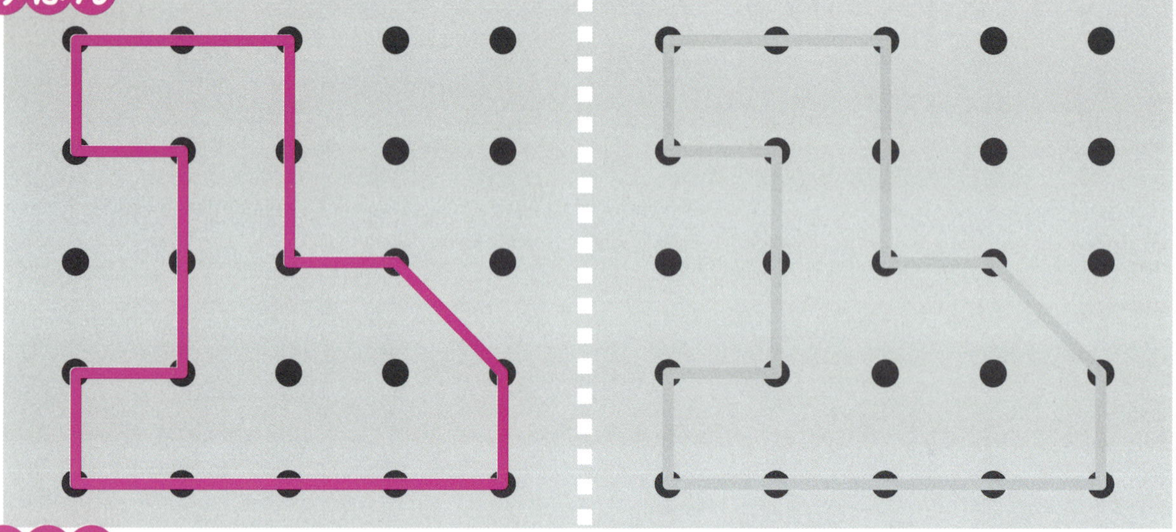

みほん

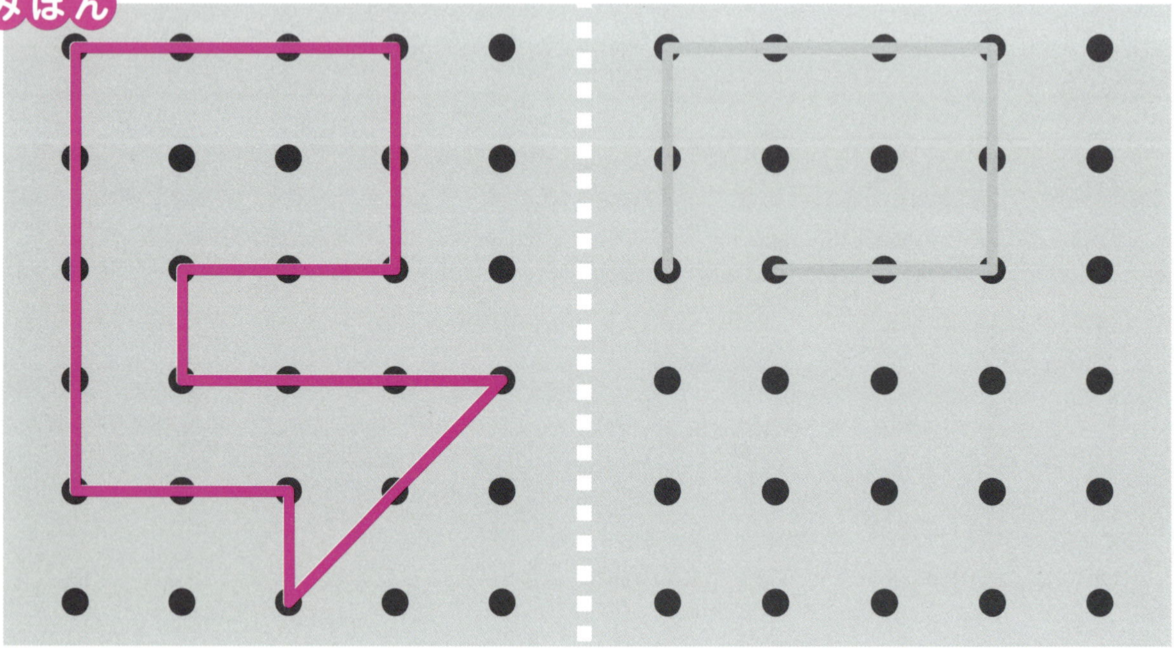

対称（描画）

おうちの方へ

左右対称の図形を描くかなり高度な問題です。頭の中で絵を開いていく感覚を持たせるとよいでしょう。

むきあうように かこう

みほんの　せんと　むきあうように　みぎがわに　せんを　かきましょう。

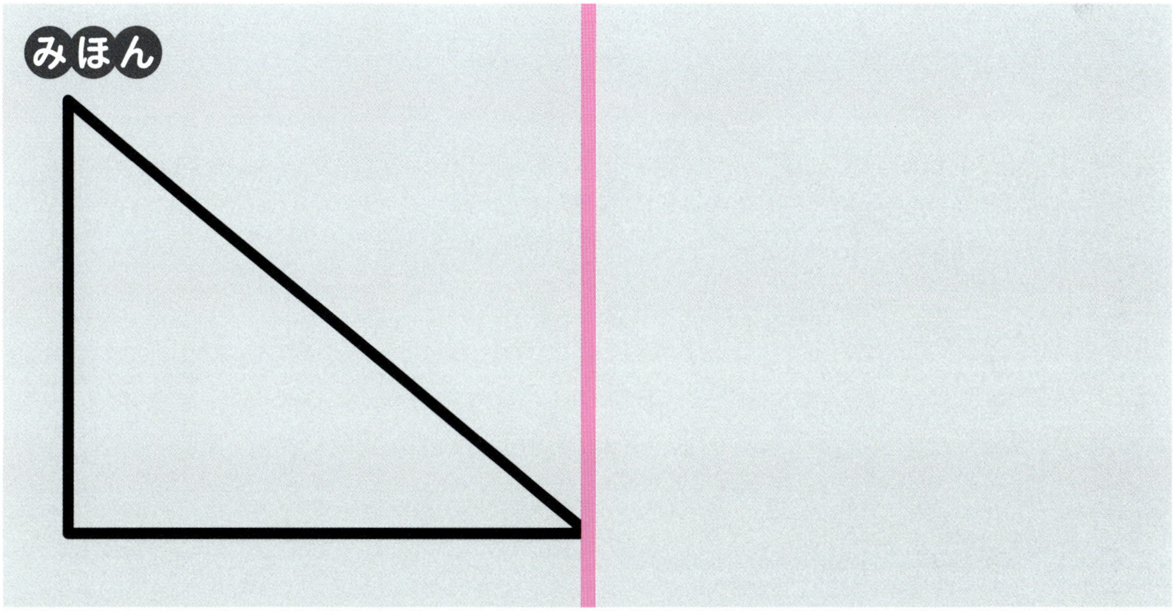

対称（描画）

おうちの方へ

左右対称の図形を描くかなり高度な問題です。頭の中で絵を開いていく感覚を持たせるとよいでしょう。

むきあうように かこう

みほんの　せんと　むきあうように　みぎがわに　せんを　かきましょう。

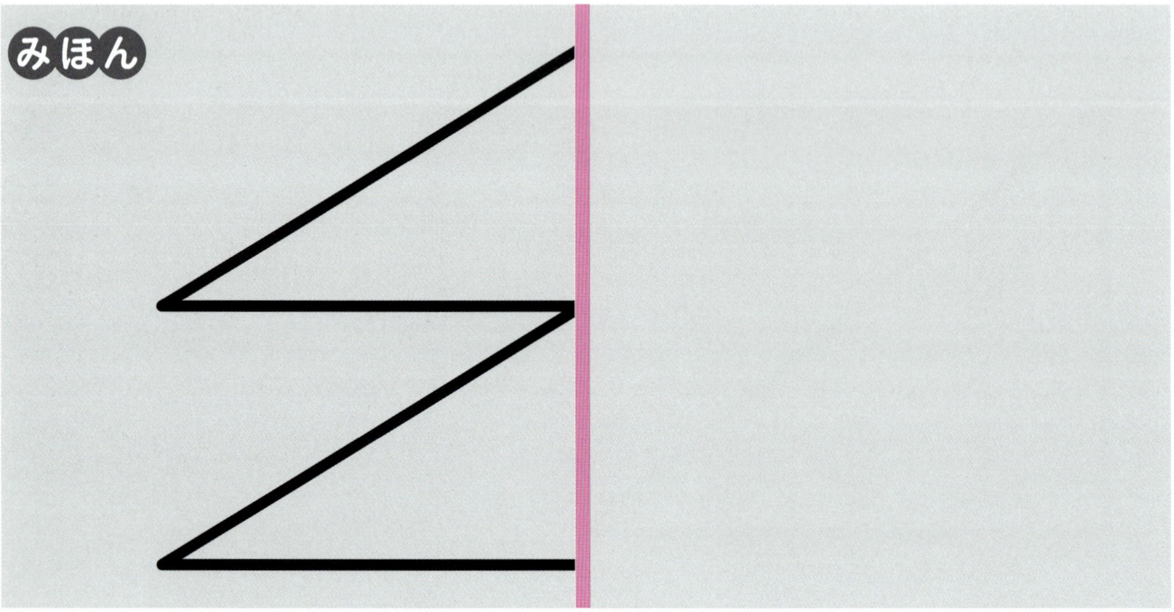

錯綜図

おうちの方へ

他の線に惑わされず、指定されたものだけを見極める問題です。優先するべきものを、すばやく見つけ出す観察力と判断力を養います。

みつけて ぬって

したの　えの　なかから　はーとの　かたち ♡ を　2つ　みつけて　いろを　ぬりましょう。

錯綜図

みつけて ぬって

おうちの方へ

他の線に惑わされず、指定されたものだけを見極める問題です。優先するべきものを、すばやく見つけ出す観察力と判断力を養います。

したの　えの　なかから　ぞうをみつけて　いろを　ぬりましょう。

6 後頭葉の働きを促進する

後頭葉は、視覚と関係していますが、ヒトはこの視覚が他の感覚よりも優位に働いています。目から入った情報は、形、色、奥行き、動き、といったいろいろな要素に分解するのが後頭葉の仕事です。分解された視覚情報をより高度な仕事をする頭頂葉や側頭葉に渡しているのです。視力に問題はないのに、見たものの形、色、奥行き、動きが把握できないのは後頭葉の動きが弱いからです。

One Point Advice

好きな物と結びつけて“赤い車”“黄色いボール”など，色を意識させましょう！

チェックポイント！

□ 見えているものが「同じものか違うものか」の異同弁別、左右対称、奥行き判断ができますか？絵を見せて、細部の違いが見つけられるかチェックしてみましょう。

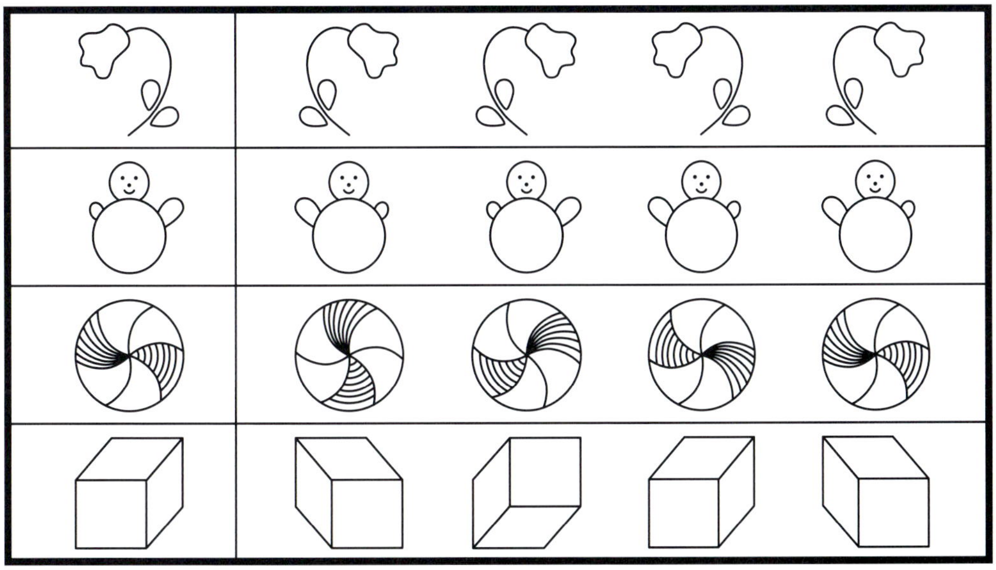

（日本文化科学社.「フロスティッグ視覚認知発達検査」，1977 より）

トレーニング6 異同弁別

間違い探し

おうちの方へ

みほんの絵と見比べて異なる個所を見つけ出す問題です。絵全体をとらえた後、背景や細部を１つずつ丁寧に観察させましょう。

ちがう ところは どこ？

したの　えには　みほんと　ちがう　ところが　３つあります。さがして　○で　かこみましょう。

みほん

間違い探し

おうちの方へ

みほんの絵と見比べて異なる個所を見つけ出す問題です。目を上下に交互に動かして見比べているか確認してみましょう。

ちがう ところは どこ？

したの　えには　みほんと　ちがう　ところが　３つあります。さがして　○で　かこみましょう。

間違い探し

おうちの方へ

みほんの絵と見比べて異なる個所を見つける問題です。目を左右に交互に動かして見比べているか確認してみましょう。

ちがう ところは どこ？

みぎの　えには　みほんと　ちがう　ところが　3つあります。さがして　○で　かこみましょう。

間違い探し

おうちの方へ

みほんの絵と見比べて異なる個所を見つける問題です。目を左右に交互に動かして見比べているか確認してみましょう。

ちがう ところは どこ？

みぎの　えには　みほんと　ちがう　ところが　3つあります。さがして　○で　かこみましょう。

影の一致

おうちの方へ

シルエットの特徴をとらえて、元の物を推測させる問題です。よく観察して、細部の形の違いに気づくことが必要になってきます。

かげあて

みほんの　かげは　どの　えの　かげですか？　○で　かこみましょう。

みほん

みほん

重なり図

おうちの方へ

奥行き知覚を養う問題です。見えない部分をイメージできることが大事です。

いちばん うしろは なに？

みほんは　４つの　えが　かさなっています。いちばん　うしろに　ある　えは　どれですか？　したから　えらんで　◯で　かこみましょう。

重なり図

おうちの方へ

奥行き知覚を養う問題です。見えない部分をイメージできることが大事です。

いちばん うしろは なに？

みほんは　３つの　えが　かさなっています。いちばん　うしろに　ある　えは　どれですか？　したから　えらんで　◯で　かこみましょう。

空間認知

おうちの方へ

積み木で作った形を見分ける問題です。細部によく注意してじっくり取り組みましょう。

おなじ かたちは どれ？

みほんと　おなじ　かたちは　どれですか？　○で　かこみましょう。

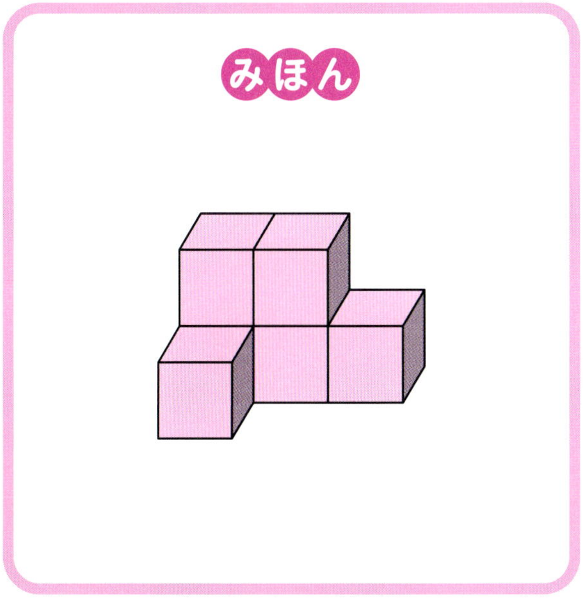

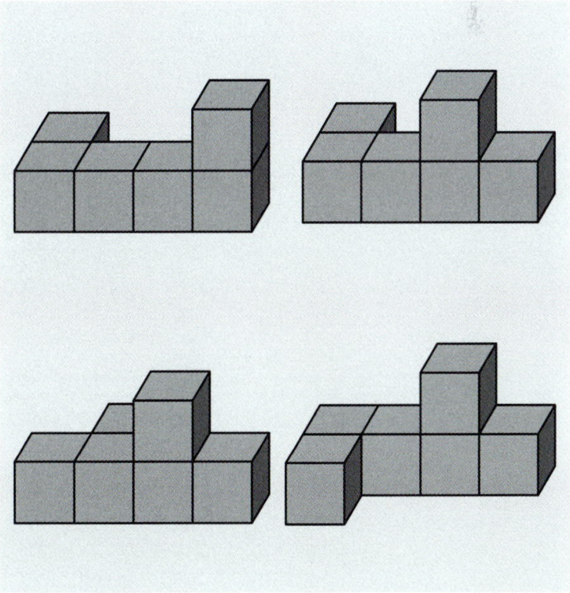

第3章

ことばをつかさどる脳の使い方を育てよう！

自由意思・自己意識の根底を作るために

冗談や皮肉がわからず
文字どおり受け取る

なぜ、どうして、の
説明ができない

大勢の会話では、誰が
誰に言っているのか
わからない

自分から話そうと
しない

難しい言葉を使うが、
言葉の意味はわかっ
ていない

ルールが守れない

自分の意見や意思が言えるように育てましょう!

1 ことばで行動をコントロールする

小さいころは、よく独り言を言います。初めて経験すること、物などにぶつかると、思わずことばは出てきます。新しい課題、やや難しい課題が与えられると、より独り言が増えてきます。ことばを出すことによって行動を計画したり実行したりします。独り言の経験を経て、口に出さずに考えるようになります。独り言は自分の考えを確認する行為です。自分の考えをことばにして表現することは、自分の行動をコントロールすることにつながります。ことばで自分を表現することで自由意思が育ち、自分で行動をコントロールすることで自己意識が育ちます。

One Point Advice

お子さんが自分の気持ちに気づけているか、観察しましょう！

チェックポイント!

□ 独り言を言っているときは、どんなことをしていますか？

2 ことばで感情をコントロールする

　赤ちゃんのときから、顔の形の非常に細かな違いで、相手の状態を読み取ることができます。表情や顔の角度の変化があっても、同じ人の顔だとわかります。快・不快の気持ちは人の顔の表情から学ぶのですね。ことばで自分の気持ちを表現できるようになると、自分がどんな気持ちなのかを確認することができます。自分の気持ちが確認できて、状況に応じて調整することを学んでいきます。

3 自由意思の形成

生活のなかで、どんなことばをお子さんに使っていますか？　自由意思を形成するためには、ことばによる応答の訓練が必要です。たとえば、何かを選ばせるとき、「何にする？」「どこが好きなの？」「どうしてそれを選んだの？」「どこにしまおうか？」など、選んだ物に関連して、本人の意見が言えるような聞き方をしてみましょう。お子さんが選んだ物に関して、いろいろ聞いてみることが大事です。本人が意見を言ったり、意思を表現できるように手助けしてあげる聞き方をしましょう。

お母さんも こうしてみませんか？

●お子さんの“意見”を引き出してあげましょう！

生活のなかで、自分が選んで自分で決めて始めたこと（生き物の世話、お片付けなど）には、

①がんばったかな？もう少しがんばればよかったかな？など聞いてみましょう。

②がんばれたのはどうしてかな？

③がんばれなかったのは、どうしてかな？「そうなんだ。じゃあ……するにはどうする？」と本人の意見が言いやすいように、聞き方を工夫してみましょう。

4 ことばで自分に指示する

ことばで自分に指示することができるようになると、自分自身を統制する力が育ちます。脱いだ靴をそろえる、着替えた服をたたむ、ことばづかいに気をつける（物の頼み方、お礼、挨拶など）行為を教えるときには、本人の使えることばでゆっくり教えましょう。行為は、それぞれの動作が構成する要素に分けて、一つずつ丁寧に見せながらことばで伝えます。繰り返すことで、教えられたことばで自分に指示できるようになります。モデルが大事です。

One Point Advice

モデルを見せてあげましょう！

お母さんも こうしてみませんか？

● **“自分でやる” は、大事なサイン（自分の意志）です。**

「自分でやる」と言い出したときは、「どうすれば自分でできるか」をわかりやすく教えてあげましょう。できないで困っているところの動作を、どのようにしたらよいか、“はっきり”“ゆっくり”見せてあげましょう。動作ができるようになったら、次にことばで伝えましょう。

※ことばと動作を一緒にしないようにしましょう。

5 側頭葉《そくとうよう》・扁桃体《へんとうたい》の働きを促進する

側頭葉は、話す、読む、書く、聞く、などことばに関する働きをします。さらに、計算や論理的に考える「思考」の土台をつくります。数とことばに興味を示す時期に、数やことばに親しくなると、内面から自発的に関心が広がっていきます。自分の興味関心に対して、自分で理解したくなります。理解できると楽しくなり、扁桃体の働きを促進します。扁桃体の働きが促進されると、自発的に考えて取り組めるようになります。側頭葉と扁桃体は相乗効果の機能です。反対に、つまらなかったり、楽しくなかったりすると、自発的な関心は狭くなり、数やことばへの関心も低下します。

One Point Advice

考える楽しさを体験させてあげましょう！

チェックポイント！

- □ 親がどのようなことばを使っているか振り返ってみましょう。

- □ 親がどのような聞き方をしているか振り返ってみましょう。

第4章

気持ちをつかさどる脳の使い方を育てよう！

自己決定の根底を作るために

相手が嫌がることをわざと言う

人とのかかわりのなかでどのように対応していいかわからない

人の気持ちや意図がわからない

自分の手や腕をかむ

他人をたたく

1 表情を読む

「喜び、怒り、驚き、悲しみ」の表情から他者の気持ちを読み取る力を非言語的コミュニケーション能力と言います。ポジティブな感情である喜びやネガティブな感情である悲しみは、表情から読み取る力が強いのです。大人が相手の感情について話して聞かせるほど、お子さんの共感性を高めます。とくに、他者の悲しみの感情について大人が話して聞かせることは、お子さんの共感性を高めるので、他者の気持ちの理解につながります。

お母さんも こうしてみませんか？

大事な犬がいなくなって心配しているんだね、と心配そうな顔で伝えていますか？

「お友達は大事な犬がいなくなって悲しいんだね」。感情について話して聞かせましょう。

ポチの家
ママも子どものころ、猫のタマが死んだときずっと泣いていたよ

トレーニング7 記憶力

絵の記憶

おうちの方へ

表情の違いを記憶する問題です。20秒ほど集中して覚えさせた後、お子さんと声に出して数を数えて、一旦注意を絵からそらしてあげると効果的です。

おぼえて みつけて

したの　えを　よくみて　おぼえましょう。おぼえたら　ゆっくりと 10まで　かぞえてから　つぎのページをひらきます。

まえのページで　おぼえた　えは　どれですか？　○で　かこみましょう。

お話の完成

おうちの方へ

物事の順番を理解し、お話を完成させる問題です。木とかごの中のリンゴの数に注目させましょう。

つづきは　どれ？

3まいの　えの　おはなしが　あります。 ? には　どちらの　えが　はいりますか？　○を　つけましょう。どうして　そうなのか　おはなししましょう。

お話の完成

おうちの方へ
物事の順番を理解し、お話を完成させる問題です。お風呂に入るとどうなるか、考えさせましょう。

つづきは　どれ？

3まいの　えの　おはなしが　あります。 ? には　どちらの　えが　はいりますか？　○を　つけましょう。どうして　そうなのか　おはなししましょう。

お話の順番

おうちの方へ

3枚の絵から物事の順番を理解する問題です。分析的に物事を見る高次の思考力を養います。

おはなしを　つくろう

3まいの　えは　おはなしに　なっています。さいしょの　えに　○、2つめの　えに　△をつけましょう。
できたら　どうしてそうなのか、おはなししましょう。

お話の順番

おうちの方へ

3枚の絵から物事の順番を理解する問題です。分析的に物事を見る高次の思考力を養います。

おはなしを　つくろう

3まいの　えは　おはなしに　なっています。さいしょの　えに　○、2つめの　えに　△をつけましょう。

できたら　どうしてそうなのか、おはなししましょう。

2 共感（相手と同じ気持ちになる）を体験する

共感性の高さは実際の行動としてどのように表れてくるでしょうか？困っている場面にいる他者を助けようとする援助行動を認めて、わかりやすい言葉で「○○君が困っているのを助けようとしてやさしいね」と、その行動を起こした気持ちを言葉にして確認させてあげましょう。一般的には「思いやり行動」とも言われ、共感を体験できたかがわかります。

お母さんも　こうしてみませんか？

「～君はどんな気持ちだったかな？」など、他者の視点に立つことを積極的に教えていきましょう。

「こういうことをしたら相手はどう思うかな？」など、相手の視点に立ってみる機会を作りましょう。

3 自己肯定感（自分は大丈夫という感じ）を持つ

お子さんの持っている力をきちんと発揮させてあげましょう。まずは、お子さんが使える能力をきちんと引き出してあげましょう。お子さんはどういう形であれば自分を表現しやすいのか、どのような場面であれば力が発揮できるか、探しましょう。

お母さんも　こうしてみませんか？

●**自分の役割をもたせて、やり遂げる体験をさせましょう。**

●**自分で選んだことを安心してやらせてみましょう。**

やり遂げたら“できたね”としっかりほめてあげましょう！

4 自分で決める

自分で決める力は、ひとりでやりたがることをやらせてみて、五感を働かせ、自分のからだを思いどおりに動かす練習から始まります。思いどおりにからだを動かすことを楽しむ時期は、黙って見守りましょう。その時期に大人が手を出しすぎると、「やって」と自分からしようとしなくなります。自分からしようとする力は、自分で決める力につながります。

お母さんも こうしてみませんか？

●口出ししたくなるのを我慢して、ひとりでやり遂げることを見守ってみましょう。

＊危険なことには注意を！

積み木やパズルを最後までやり遂げたいと思って取り組む経験はとても貴重です。何かご褒美があってやろうとすること（外発的動機づけ）と自分からやろうとすること（内発的動機づけ）は「やろうとすること」であっても意味が違います。

●自分からやってみようとする力を大事に育てましょう！

自分からやろうとすることは、自分のためにがんばる、ただ楽しいからやる、ことです。これをしたら何かがもらえるからやろうとすることが増えると、自分からやろうとすることは減少してしまいます（アンダーマイニング効果）。自分からやろうとしたことを、やり遂げる経験をさせてあげましょう。

5 扁桃体《へんとうたい》・帯状回《たいじょうかい》の働きを促進する

扁桃体・海馬《かいば》・帯状回などは「情動脳」と呼ばれています。子どもを育てること、お母さんとお子さんのコミュニケーションや遊びができるようになったのは「情動脳」が発達したからです。この「情動脳」を発達させることで自分から周りの人や環境にかかわろうとする土台ができます。扁桃体は、自分が自分である意識（自意識）は、自分が楽しい（快の感情）や、自分がいやだなと思う感情（不快の感情）を中心に発達させていきます。帯状回は、相手の表情を読み取る場所で、非言語的コミュニケーション力を中心に発達させていきます。

チェックポイント！

☐ どのように自分で決めるチャンスを作っていますか？

今日はこっちの服を着たらいいね
ほんとはあっちがいいのに…

☐ 自分の気持ちに気づけるような言葉かけをしていますか？

楽しいねー

第5章

社会性をつかさどる脳の使い方を育てよう！

生きる知恵を蓄えるために

ルールが守れない

おしやる

行事に参加できない

ふだんの状況や手順が変わると混乱する

次に取り組む内容がわからない

生活パターンが安定しない

自分の行動を
ふりかえる力
“客観力”を
育てましょう!

1 事実を分析する

自分にとって必要な情報を選べますか？　たくさんの情報があるなかで、今、自分に必要な情報を選び、次の行動にふさわしい振る舞いなどを考えることができます。そのためには、まず、起こった事実から情報を選ぶ力が必要です。この力によって、変化する周りの環境に対応し、今、そしてこれから自分がしなければならないことを順序よくこなすことができます。

→社会的活動

チェックポイント！

- [ ] 今、必要な情報を選ばせましょう。TPO（時間・場所・目的）に合った洋服をまずは、自分で選ばせてみましょう。

明日は遠足で
おいも ほりにいくよ。
さあ、どんなお洋服で
いこうかな？

One Point Advice

必要な情報が選べると、見通しがよくなります。

影の一致

おうちの方へ

みほんの影の特徴をとらえて、元のものを類推する問題です。やさしい問題から解いていきましょう。

かげあて

みほんの　かげは　どの　えの　かげですか？　せんで　つなぎましょう。

影の一致

かげあて

おうちの方へ

みほんの影の特徴をとらえて、元のものを類推する問題です。細部の形の違いに気づくことが必要になってきます。

みほんの　かげは　どの　えの　かげですか？　せんで　つなぎましょう。

みほん

仲間分け

なかまは　どれ？

おうちの方へ

同じカテゴリーに属する物を見つける問題です。高次の観察力を養います。どうして仲間なのか理由をお子さんに聞いてみましょう。

みほんの　えと　おなじ　なかまは　どれですか？　せんで　つなぎましょう。

みほん

仲間分け

なかまは　どれ？

おうちの方へ

同じカテゴリーに属する物を見つける問題です。高次の観察力を養います。どうして仲間なのか理由をお子さんに聞いてみましょう。

みほんの　えと　おなじ　なかまは　どれですか？　せんで　つなぎましょう。

みほん

仲間分け

おうちの方へ

異なるカテゴリーに属する物を見つける問題です。どうして他と違うのか理由をお子さんに聞いてみましょう。

ちがう なかま

みほんの　えと　ちがう　なかまは　どれですか？　１つだけ　○で　かこみましょう。

みほん

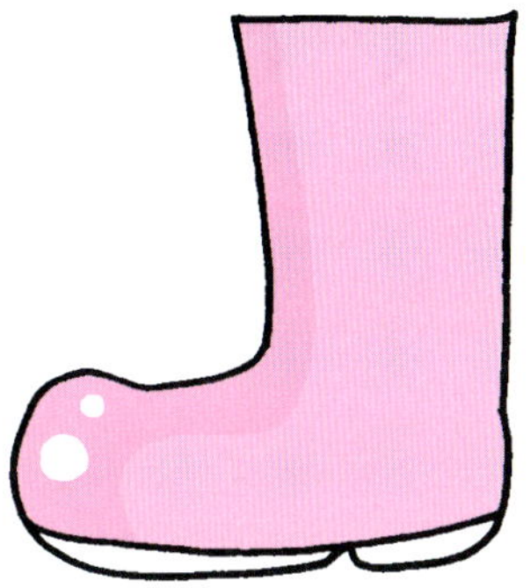

仲間分け

ちがう なかま

おうちの方へ

異なるカテゴリーに属する物を見つける問題です。どうして他と違うのか理由をお子さんに聞いてみましょう。

みほんの　えと　ちがう　なかまは　どれですか？　１つだけ　○でかこみましょう。

みほん

仲間分け

ちがう なかま どれと どれ？

おうちの方へ

いくつかのもののなかから、異なるカテゴリーのものを選び出します。概念理解を含む高次の観察力を養います。どうして違う仲間なのか、理由を聞いてみましょう。

したの　えの　なかから　なかまでは　ない　ものを　２つ　みつけて
◯で　かこみましょう。

部分と全体

おうちの方へ

拡大した一部分と全体を一致させる問題です。特徴のある細部に目を向けさせましょう。

なにを みているかな？

むしめがね（イラスト）で なにかを みています。 みている もの を ○で かこみましょう。

2 情報を整理する

たくさんの情報があるなかで、複数の情報を関連づけながら、その後の予測して行動することができますか？　関連したものを見つけ出す力（見つける力）が、まず必要です。見つけたもののなかからある点について共通するもの、あるいは、関連しないもの、をより分ける力をつけましょう。情報が多くなっても混乱したり、わからなくなったりしなくなります。

チェックポイント！

- □ 動物の絵カードのなかなどから、「空を飛ぶのはどれかな？」など、選ばせましょう。

One Point Advice

どこが似てる？と聞いてみましょう。

トレーニング9 観察力・思考力

道具使用

おうちの方へ

いくつかのもののなかから、目的に合う道具を選び出します。関連したものを見つけ出す力を養います。

たべるときに つかうものは どれ？

なにかを　たべる　ときに　つかう　どうぐは　どれですか？　したのえから　さがして　〇で　かこみましょう。

道具使用

おうちの方へ

いくつかのもののなかから、目的に合う道具を選び出します。関連したものを見つけ出す力を養います。

ねるとき つかうのは どれ？

ねる　ときに　つかう　どうぐは　どれですか？　したの　えから　2つ　さがして　○で　かこみましょう。

道具使用

おうちの方へ
いくつかのもののなかから、目的に合う道具を選び出します。関連したものを見つけ出す力を養います。

そとであそぶときに つかうものは どれ？

そとで　あそぶ　ときに　つかう　どうぐは　どれですか？　したの
えから　2つ　さがして　○で　かこみましょう。

キーワード

おうちの方へ

いくつかのもののなかから、質問のキーワードを理解し、関連したものを見つけ出す力を養います。

そらをとぶものは　どれ？

そらをとぶものは　どれですか？　したの　えから　2つ　さがして　◯で　かこみましょう。

キーワード

おうちの方へ

いくつかのもののなかから、質問のキーワードを理解し、関連したものを見つけ出す力を養います。

うみでおよぐものは　どれ？

うみでおよぐものは　どれですか？　したの　えから　２つ　さがして○で　かこみましょう。

キーワード

おうちの方へ

いくつかのもののなかから、質問のキーワードを理解し、関連したものを見つけ出す力を養います。

おとが出るものは どれ？

おとが出るものは　どれですか？　したの　えから　2つ　さがして　○で　かこみましょう。

3 事実を自分の世界に取り込む

起こった事実と自分とは関係ないと自分の世界から離して考えるのではなく、自分の世界に取り込んで考えてみる力です。「関係ないです」と離れてばかりいると、事実を自分のものにすることができにくくなります。

One Point Advice

よく観察することを意識して、言葉かけをしましょう。

チェックポイント！

□ 寝そべっている子のいる絵を見せて「△△君と似ているところある？」と聞きましょう。

➡ ふだんの自分の姿勢などに気づく。

トレーニング10　観察力・記憶力

間違い探し

おうちの方へ
みほんの絵と見比べて異なる個所を見つけ出す問題です。絵全体をとらえた後、背景や細部を１つずつ丁寧に観察させましょう。

ちがう ところは どこ？

したの　えには　みほんと　ちがう　ところが　３つあります。さがして　○で　かこみましょう。

みほん

間違い探し

ちがう ところは どこ？

おうちの方へ

みほんの絵と見比べて異なる個所を見つけ出す問題です。目を上下に交互に動かして見比べているか確認してみましょう。

したの　えには　みほんと　ちがう　ところが　3つあります。さがして　○で　かこみましょう。

みほん

間違い探し

おうちの方へ

みほんの絵と比べて異なる個所を見つける問題です。絵の全体をとらえた後、細部を１つずつ丁寧に観察させましょう。

ちがう ところは どこ？

したの　えには　みほんと　ちがう　ところが　３つあります。さがして　◯で　かこみましょう。

間違い探し

ちがう ところは どこ？

おうちの方へ

みほんの絵と見比べて異なる個所を見つける問題です。絵全体をとらえた後、背景や細部を１つずつ丁寧に観察させましょう。

みぎの　えには　みほんと　ちがう　ところが　３つあります。さがして　○で　かこみましょう。

記憶間違い探し

おうちの方へ
絵を覚えて、次のページで異なる個所を見つける問題です。20 秒ほど集中させて覚えさせるとよいでしょう。

おぼえて　みつけて

したの　えを　よく　みて　おぼえましょう。おぼえたら　つぎの　ページを　ひらきます。

まえの　ぺーじの　えと　ちがうところは　どこですか？　1つ　みつけて　○で　かこみましょう。

4 実行する

自分でやってみようと計画したことを、順序良く、実行できる力は、見通す力をつけることになります。見通す力をつけるためには、実際にやってみて、それが計画どおりにできる体験をすることが必要です。見通す力は自分を守る力につながります。

チェックポイント!

- [ ] 言葉で自分の計画を話してもらい、実際にできたか確認しましょう。

トレーニング11 観察力・記憶力

同時選択

おうちの方へ

たくさん並んだ絵のなかから、２つの絵を選択していく問題です。同時に複数のものに注意を働かせる力を養います。速さと確実さが大事です。

じゅんばんに さがそう

➡から　じゅんばんに  と  を　○でかこんで、

⬅まで　いきましょう。

同時選択

じゅんばんに さがそう

おうちの方へ

たくさん並んだ絵のなかから、２つの絵を選択していく問題です。同時に複数のものに注意を働かせる力を養います。速さと確実さが大事です。

から　じゅんばんに　と　を　○でかこんで、
まで　いきましょう。

注意の転換

じゅんばんに さがそう・めいろ

おうちの方へ

たくさん並んだ絵のなかから、１つの絵だけを選択していく問題です。さらに途中で迷路に集中させることで、注意をスムーズに切り替える力を養います。

から　じゅんばんに  を　○で　かこんでいきます。つづけて めいろを すすみます。さいごに また  を　○で　かこんで　まで いきましょう。

注意の転換

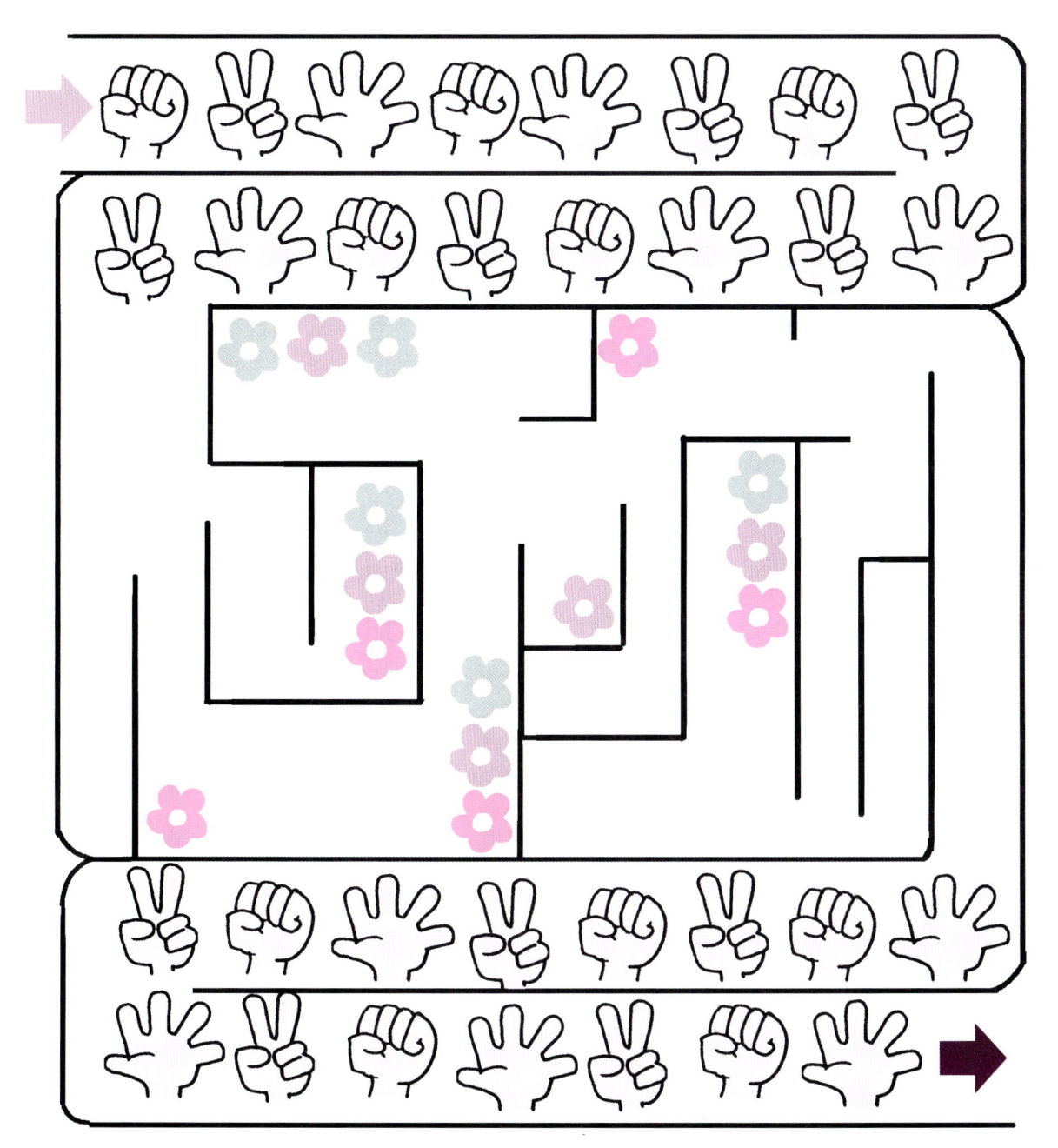

おうちの方へ

たくさん並んだ絵のなかから、１つの絵だけを選択していく問題です。さらに途中で迷路に集中させることで、注意をスムーズに切り替える力を養います。

じゅんばんに さがそう・めいろ

から　じゅんばんに　を　○で　かこんでいきます。つづけて めいろをすすみます。めいろをでたら　こんどは　を　○で　かこんで　までいきましょう。

絵の記憶

おうちの方へ

みほんの絵を覚えて、次のページで同じものを見つける問題です。覚えた後に迷路の運筆運動に集中させることで、絵の記憶をさまたげます。

おぼえて みつけて・めいろ

みほんの　えを　おぼえましょう。　おぼえたら　➡までめいろを　すすんでから　つぎの　ぺーじを　ひらきます。

つぎのぺーじへ

まえの　ページで　おぼえた　えは　どれですか？　○を　つけましょう。※前のページを隠して見せてください。

5 前頭葉の働きを促進する

うまく生きていくために作戦を立てたり、短期的、あるいは、長期的な計画を立てたり、計画どおりに実行できるのは前頭葉の働きです。うまく生きていくために、からだを通して環境につながり続けてきたからです。そのため、「社会脳」と呼ばれています。お友だちがどんな人かを自分なりに分析し、うまくかかわっていくために「……はしないようにしよう」、「～な話し方をしよう」などの作戦を立て、状況に合わせて実行できる力です。人とコミュニケーションが取れないと言われるのは、言葉が理解できないのではなく、相手がどのような人なのか、どんなかかわり方をしたらよいか、がわからないことも原因です。

One Point Advice

お友達は何が好きなのかな？と聞いてみましょう。

チェックポイント！

□ けんかしてしまうお友達は、どんな人かを言葉で表してみましょう。

参考文献・引用文献

1）中島恵子．理解できる高次脳機能障害．東京，三輪書店，2009，112p.
2）中島恵子．みんなでわかる高次脳機能障害 生活を立て直す脳のリハビリ．注意障害編．大阪，保育社，2012，170p.
3）前掲書 2)，155p.
4）中島恵子．自分で鍛える・仲間と鍛える　前頭葉のリハビリ．東京，ゴマブックス，2008，117p.
5）中島恵子．子どもたちの高次脳機能障害—理解と対応．東京，三輪書店，2010，164p.
6）中島恵子．脳をきたえるわくわくドリル—誰でも楽しみながら取りくめる．東京，ゴマブックス，2004，95p.
7）中島恵子．学習障害を疑われた喘息児．横浜市養護教育総合センター研究紀要．(8)，1991.
8）中島恵子．後天性脳損傷，総合リハビリテーション．34（4)，2006，365-70.
9）中島恵子．各症候に対するリハビリテーションの実際・注意障害．Medical Rehabilitation. 70，2006，93-100.
10）中島恵子．後天性脳損傷児への支援—高次脳機能障害にポイントをおいてー．発達障害学研究. 2009
11）中島恵子．高次脳機能障害治療最前線—学齢期の児童に対する支援の実際．地域リハビリテーション．6（10)，2011，763-6.
12）中島恵子．注意・遂行機能障害のリハビリテーション・グループ療法．渡邊修監修，Medical Rehabilitation.153，2013，31-8.
13）中島恵子．通説と事実を見分ける，脳外傷の子共たち—親と教師のためのガイドブック．大宅顕一郎監修，東京，明石書房，2006，134p.
14）中島恵子．集中力・記憶力ドリル３歳～４歳—幼児の脳機能トレーニング．東京，学習研究社，2007，80p.
15）中島恵子．観察力・思考力ドリル３歳～４歳—幼児の脳機能トレーニング．東京，学習研究社，2007，80p.
16）ダニエル・J・シーゲル，ティナ・ペイン・ブライソン．しあわせ育児の脳科学．森内薫訳，東京，早川書房，2012，272p.
17）坂井建雄,久米正．ぜんぶわかる脳の辞典—部位別・機能別にわかりやすくビジュアル解説．東京，成美堂出版，2013，175p.
18）木村順．発達障害の子の感覚遊び運動遊び．東京，講談社，2010，102p.
19）ジョージ・プリガターノ．神経心理学的リハビリテーションの原理，中村隆一監訳，東京，医歯薬出版，2002，312p.
20）CONCUSSION AN EDUCATIONAL DVD.the Ontario Brain Injury Association
21）前野隆司．脳はなぜ「心」を作ったのか．東京，筑摩書房，2010，24-37.

おわりに

大人である自分は、どんな脳の使い方をしているのか、自分の生活を振り返ってみましょう。１日をどのように過ごしているでしょうか。また、どのような環境で過ごしているでしょうか。この過ごし方は、脳の使い方に大きく関連しています。朝起きてから夜寝るまでの間に自分がしていることを書き出してみましょう。記録を取ることで自分の生活の仕方が客観的にわかり、記録を基に使い方を考えることができます。

パソコンに向かっていることが多い、人と会話することが少ない、規則正しい生活をしている、一日のうちテレビを見ている時間が多い、自分の好きなことばかりしようとする、家からあまり出ないなど、一日に占める割合はどのくらいでしょうか。

脳の使い方は、環境によっても影響を受けます。環境から受ける刺激、変化など多くの情報によって脳はトレーニングされています。環境が脳を使うことを強める、あるいは、弱めることもあります。環境とは、家庭、地域、職場など、自分を取り巻くものすべてを言います。自分ができることも誰かにやってもらっていることはありませんか。

お子さんの言動などについて、気づいたこと、考えたこと、観察したこと、などを記録に取っておくことをお勧めします。記録を見るとお子さんらしさがわかってきます。

お母様は、何があってもお子さんを思う気持ちにゆるぎがない“応援団長”です。

2014年8月

帝京平成大学大学院 臨床心理学研究科 教授 **中島恵子**

プロフィール

中島恵子（なかしま　けいこ）

博士（健康科学），医療心理士，臨床発達心理士

専門は，神経心理学・心理リハビリテーション

1987年 日本女子大学大学院修士修了

1990〜2002年 東京都リハビリテーション病院心理科主任

2001〜2008年 リハビリテーション心理職会副会長

2003〜2007年 東京都医学研究機構東京都神経科学総合研究所
リハビリテーション研究部門（高次脳機能研究）客員研究員

2004〜2007年 熊本県医師会高次脳機能障害検討委員会事務局長

2005〜2007年 厚生労働省高次脳機能障害委員会九州ブロック熊本県代表

2009〜 リハビリテーション心理職会顧問

2003〜2008年 九州ルーテル学院大学人文学部 心理臨床学科 教授

2008〜2011年 帝京平成大学健康メディカル学部臨床心理学科教授

2011年〜 帝京平成大学大学院　臨床心理学科 臨床心理学研究科 教授　現在に至る

“うちの子《こ》大丈夫《だいじょうぶ》？”と思《おも》ったら、お母《かあ》さんもサポートできる
子《こ》どもの脳《のう》と心《こころ》の発達《はったつ》トレーニング
ー認知脳《にんちのう》(知的脳《ちてきのう》)の発達《はったつ》サポート問題《もんだい》70問《もん》付《つ》き

2014年11月5日発行　第1版第1刷

著　者　中島《なかしま》 恵子《けいこ》
発行者　長谷川 素美
発行所　株式会社 保育社
〒532-0003
大阪市淀川区宮原3－4－30
ニッセイ新大阪ビル16F
TEL 06-6398-5151　FAX 06-6398-5157
http://www.hoikusha.co.jp/
企画制作　株式会社メディカ出版
TEL 06-6398-5048（編集）
http://www.medica.co.jp/
編集担当　藤野美香
装　幀　森本良成
本文イラスト　藤井昌子，馬見塚勝郎
印刷・製本　株式会社シナノ パブリッシング プレス

ISBN978-4-586-08521-7　　Printed and bound in Japan